AF139253

7 Kinderbewegungsgeschichten
für den Klassenraum –
von Stefanie Grötzner

7 Kinderbewegungsgeschichten
für den Klassenraum –
von Stefanie Grötzner

Bibliografische Information der
Deutschen Nationalbibliothek:

Die Deutsche Nationalbibliothek
verzeichnet diese Publikation

an der Deutschen
Nationalbibliografie,
detaillierte bibliografische

Daten sind im Internet über
dnb.d-nb.de abrufbar.

TWENTYSIX – der Self-Publishing-
Verlag
Eine Kooperation zwischen der
Verlagsgruppe Random House und
BoD – Books on Demand

Herstellung und Verlag:
BoD – Books on Demand,
Norderstedt

ISBN 9783740767310

7 Kinderbewegungsgeschichten
    für den Klassenraum –
    von Stefanie Grötzner

7 Kinderbewegungs-geschichten für den Klassenraum

von Stefanie Grötzner

7 Kinderbewegungsgeschichten
für den Klassenraum –
von Stefanie Grötzner

Vorwort

Kinder haben einen natürlichen Drang, sich zu bewegen. Dieser Bewegungsdrang wird durch Vieles im Alltag der Kinder unterdrückt. Dies ist keine Kritik, sondern eine Benennung von Tatsachen. Kinder müssen lernen, im Unterricht stillzusitzen, im Restaurant, bei den Schulaufgaben etc. Hinzu kommen die immer weniger werdenden Möglichkeiten für Kinder, sich auszutoben, sich auszuprobieren und ihre Energie in Bewegung umzusetzen.

Die Kinder werden durch die mangelnde Bewegung schneller unausgeglichen und können sich nicht richtig konzentrieren.

In diesem Buch erhalten Sie nun 7 Geschichten, die es Ihnen und den Kindern erlauben, sich zumindest etwas zu bewegen. Die Kinder sollen sich an ihrem Platz bewegen, so dass die folgenden Geschichten für den Klassenraum geeignet sind. Die Kinder sollen die Möglichkeit bekommen, sich etwas zu bewegen, um sich danach wieder besser konzentrieren zu können.

Neben der Bewegung sollen die Kinder mit den Geschichten eine kleine Auszeit erleben, die aber gleichzeitig auch lehrreich sein soll.

Ich wünsche Ihnen und den Kindern viel Freude beim Bewegen.

Geschichte 1: Der Morgen

Lege deine Arme auf den Tisch und deinen Kopf darauf. Schließe deine Augen und denke daran, wie es war, bevor du geweckt wurdest. Du warst eingekuschelt in deine Bettdecke und hast vielleicht etwas Schönes geträumt.

(Kurze Pause, damit die Kinder sich erinnern können.)

Du wachst auf und musst dich erst einmal strecken. Setze dich gerade hin und recke den rechten Arm nach oben. Strecke ihn so hoch wie es geht. Winkle nun einen Finger nach dem anderen an. Erst den kleinen Finger, dann den Ringfinger, den Mittelfinger, den Zeigefinger und zuletzt den

Daumen. Drehe dein Handgelenk einmal herum und strecke die Finger in umgekehrter Reihenfolge. Erst den Daumen, dann den Zeigefinger, dann den Mittelfinger, den Ringfinger und zuletzt den kleinen Finger. Drehe dein Handgelenk erneut.

Ist dein rechter Arm jetzt wach? Sehr gut, dann nimm ihn wieder herunter.

Strecke nun den linken Arm nach oben. Strecke ihn so weit du kannst. Winkle nun einen Finger nach dem anderen an. Erst den kleinen Finger, dann den Ringfinger, den Mittelfinger, den Zeigefinger und zuletzt den Daumen. Drehe dein Handgelenk einmal herum und strecke die Finger in umgekehrter Reihenfolge. Erst den Daumen, dann den Zeigefinger, den Mittelfinger, den Ringfinger und zuletzt den kleinen Finger. Drehe dein Handgelenk erneut.

Ist dein linker Arm jetzt wach? Sehr gut, dann nimm ihn wieder herunter.

Drehe deine rechte Schulter einmal rückwärts. Sehr gut. Nun drehe die linke Schulter rückwärts. Nun abwechselnd: einmal rechts, einmal links, einmal rechts, einmal links, einmal rechts, einmal links, einmal rechts, einmal links.

Kannst du auch beide Schultern gleichzeitig rückwärts drehen?

(Kurze Pause, damit die Kinder die Schultern drehen können.)

Sehr schön. Kannst du die rechte Schulter auch vorwärts

drehen? Super. Kannst du das auch mit der linken Schulter? Gut, dann versuchen wir es abwechselnd: einmal rechts, einmal links, einmal rechts, einmal links, einmal rechts, einmal links, einmal rechts, einmal links.

Sind deine Arme jetzt wach? Schüttle sie noch einmal beide aus, um sicherzugehen.

Jetzt wollen wir mal sehen, ob dein linkes Ohr wach ist. Lege dazu deinen rechten Arm über deinen Kopf und greife mit den Fingern an dein linkes Ohr. Wackle an deinem Ohr. Ist es wach? Sehr gut, dann testen wir nun das rechte Ohr.

Lege deinen linken Arm über den Kopf und greife mit deiner linken Hand dein rechtes Ohr.

Wackle daran. Ist es wach? Sehr gut.

Ist denn auch deine Nase wach? Lege einen Zeigefinger auf die Nasenspitze und wackle an deiner Nase.

Nun wollen wir sehen, ob auch die Beine wach sind. Stelle dich rechts von deinem Stuhl hin. Lege deine linke Hand auf die Rückenlehne deines Stuhls oder auf deinen Tisch. Hebe dein rechtes Bein leicht an, sodass der Fuß den Boden nicht mehr berührt. Strecke nun den Fuß und ziehe ihn wieder an. Strecken und anziehen, strecken und anziehen. Nun lass den Fuß kreisen. Wechsle die Richtung. Ist der Fuß wach? Ja?

Ziehe nun das Bein an und halte kurz. Strecke das Bein wieder aus und halte es gestreckt. Ziehe das Bein noch einmal an und strecke es erneut.

Jetzt müssen wir auch noch die linke Seite wecken. Gehe um deinen Stuhl herum und lege nun die rechte Hand auf die Rückenlehne deines Stuhls oder auf deinen Tisch. Hebe dein linkes Bein leicht an, sodass der Fuß den Boden nicht mehr berührt. Strecke nun den Fuß und ziehe ihn wieder an. Strecken und anziehen, strecken und anziehen. Nun lass den Fuß kreisen. Wechsle die Richtung. Ist der Fuß wach? Ja?

Ziehe nun das Bein an und halte kurz. Strecke das Bein wieder aus und halte es gestreckt.

Ziehe das Bein noch einmal an und strecke es erneut.

Ist jetzt dein ganzer Körper wach? Schüttle alles einmal kräftig durch, um sicherzugehen.

(Kurz die Kinder einmal zappeln lassen. Je nach Klasse kann dies kürzer oder länger sein.)

Seid ihr jetzt alle wach?

(Die Kinder sollten laut mit „ja" antworten. Sonst gerne öfter nachfragen.)

7 Kinderbewegungsgeschichten **17**
für den Klassenraum –
von Stefanie Grötzner

Geschichte 2: Kreuz und Quer

Lege deine Hände vor dir ausgestreckt auf den Tisch. Lege nun die rechte Hand auf die linke Seite der linken Hand (Hände über Kreuz, rechter Arm oben). Schlage mit der flachen rechten Hand auf den Tisch, nun mit der linken. Und noch einmal rechts und noch einmal links.

Schlage mit der rechten Hand auf den Tisch, dann mit der linken Hand. Nun lege die rechte Hand wieder rechts von der linken Hand ab. Schlage mit der linken Hand auf den Tisch. Schlage mit der rechten Hand links von der linken Hand auf den Tisch. Schlage mit der linken Hand auf den Tisch.

Lege die rechte Hand wieder
rechts von der linken Hand ab.
Schlage mit der linken Hand
auf den Tisch. Schlage mit der
rechten Hand links von der
linken Hand auf den Tisch.
Schlage mit der linken Hand
auf den Tisch.

Lege die rechte Hand wieder
rechts von der linken Hand ab.
Schlage mit der linken Hand
auf den Tisch. Schlage mit der
rechten Hand links von der
linken Hand auf den Tisch.
Schlage mit der linken Hand
auf den Tisch.

(Wiederhole diese Übung so
lange und so schnell, wie es
für die Kinder passend ist.)

Lege die Hände wieder vor dir
auf den Tisch. Lege die rechte

Hand erneut auf der linken Seite der linken Hand ab. (Hände über Kreuz, rechter Arm oben.)

Nun bewege den Daumen deiner rechten Hand. Das funktioniert? Sehr gut. Hebe jetzt alle Finger an und lasse die Handballen auf dem Tisch. Lege einen Finger nach dem anderen ab. Beginne mit dem Daumen der rechten Hand.

Rechter Daumen, rechter Zeigefinger, rechter Mittelfinger, rechter Ringfinger, rechter kleiner Finger, linker kleiner Finger, linker Ringfinger, linker Mittelfinger, linker Zeigefinger, linker Daumen.

Nun wieder nach oben in umgekehrter Reihenfolge.

Linker Daumen, linker
Zeigefinger, linker
Mittelfinger, linker
Ringfinger, linker kleiner
Finger, rechter kleiner
Finger, rechter Ringfinger,
rechter Mittelfinger, rechter
Zeigefinger, rechter Daumen.

Jetzt machen wir das Ganze
noch einmal schneller.

Rechter Daumen, rechter
Zeigefinger, rechter
Mittelfinger, rechter
Ringfinger, rechter kleiner
Finger, linker kleiner Finger,
linker Ringfinger, linker
Mittelfinger, linker
Zeigefinger, linker Daumen.

Und wieder nach oben in
umgekehrter Reihenfolge.

Linker Daumen, linker
Zeigefinger, linker

Mittelfinger, linker Ringfinger, linker kleiner Finger, rechter kleiner Finger, rechter Ringfinger, rechter Mittelfinger, rechter Zeigefinger, rechter Daumen.

Schafft ihr es auch noch schneller?

Rechter Daumen, rechter Zeigefinger, rechter Mittelfinger, rechter Ringfinger, rechter kleiner Finger, linker kleiner Finger, linker Ringfinger, linker Mittelfinger, linker Zeigefinger, linker Daumen.

Und wieder zurück.

Linker Daumen, linker Zeigefinger, linker Mittelfinger, linker Ringfinger, linker kleiner Finger, rechter kleiner

Finger, rechter Ringfinger, rechter Mittelfinger, rechter Zeigefinger, rechter Daumen.

(Wiederhole diese Übung so lange und so schnell, wie es für die Kinder passend ist.)

Lege deine Hände wieder nebeneinander vor dir ausgestreckt auf den Tisch. Lege nun die linke Hand auf die rechte Seite der rechten Hand (Hände über Kreuz, linker Arm oben). Schlage mit der flachen linken Hand auf den Tisch, nun mit der rechten Hand. Und noch einmal links und noch einmal rechts.

Schlage mit der linken Hand auf den Tisch, dann mit der rechten Hand. Nun lege die linke Hand wieder links von der rechten Hand ab. Schlage mit der rechten Hand auf den Tisch. Schlage mit der linken Hand links von der rechten Hand auf den Tisch. Schlage mit der rechten Hand auf den Tisch.

Schlage mit der linken Hand auf den Tisch, dann mit der rechten Hand. Nun lege die linke Hand wieder links von der rechten Hand ab. Schlage mit der rechten Hand auf den Tisch. Schlage mit der linken Hand links von der rechten Hand auf den Tisch. Schlage mit der rechten Hand auf den Tisch.

Schlage mit der linken Hand auf den Tisch, dann mit der rechten Hand. Nun lege die linke Hand wieder links von der rechten Hand ab. Schlage mit der rechten Hand auf den Tisch. Schlage mit der linken Hand links von der rechten Hand auf den Tisch. Schlage mit der rechten Hand auf den Tisch.

(Wiederhole diese Übung so lange und so schnell, wie es für die Kinder passend ist.)

Lege die Hände wieder vor dir auf den Tisch. Lege die linke Hand erneut auf der rechten Seite der rechten Hand ab. (Hände über Kreuz, linker Arm oben.)

Nun bewege den Daumen deiner linken Hand. Das funktioniert? Sehr gut. Hebe jetzt alle Finger an und lasse die Handballen auf dem Tisch. Lege einen Finger nach dem anderen ab. Beginne mit dem Daumen der linken Hand.

Linker Daumen, linker Zeigefinger, linker Mittelfinger, linker Ringfinger, linker kleiner Finger, rechter kleiner Finger, rechter Ringfinger, rechter Mittelfinger, rechter Zeigefinger, rechter Daumen.

Nun wieder nach oben in umgekehrter Reihenfolge.

Rechter Daumen, rechter Zeigefinger, rechter Mittelfinger, rechter Ringfinger, rechter kleiner Finger, linker kleiner Finger, linker Ringfinger, linker Mittelfinger, linker Zeigefinger, linker Daumen.

Jetzt machen wir das Ganze noch einmal schneller.

Linker Daumen, linker Zeigefinger, linker Mittelfinger, linker Ringfinger, linker kleiner Finger, rechter kleiner Finger, rechter Ringfinger, rechter Mittelfinger, rechter Zeigefinger, rechter Daumen.

Nun wieder nach oben in umgekehrter Reihenfolge.

Rechter Daumen, rechter Zeigefinger, rechter Mittelfinger, rechter Ringfinger, rechter kleiner Finger, linker kleiner Finger, linker Ringfinger, linker Mittelfinger, linker Zeigefinger, linker Daumen.

Schafft ihr es auch noch schneller?

Linker Daumen, linker Zeigefinger, linker Mittelfinger, linker Ringfinger, linker kleiner Finger, rechter kleiner Finger, rechter Ringfinger, rechter Mittelfinger, rechter Zeigefinger, rechter Daumen.

Nun wieder nach oben in umgekehrter Reihenfolge.

Rechter Daumen, rechter Zeigefinger, rechter Mittelfinger, rechter Ringfinger, rechter kleiner Finger, linker kleiner Finger, linker Ringfinger, linker Mittelfinger, linker Zeigefinger, linker Daumen.

(Wiederhole diese Übung so lange und so schnell, wie es für die Kinder passend ist.

Geschichte 3: Clap, Clap, Hurra

Lege die Hände flach auf den Tisch. Schlage einmal auf den Tisch, klatsche in die Hände. Noch einmal.

(So oft wiederholen, bis es funktioniert.)

Nun 10-mal hintereinander. Wollen wir mal sehen, wer bis 10 zähen kann.

1

2

3

4

5

6

7

8

9

10

Noch einmal?

1

2

3

4

5

6

7

8

9

10

Sehr gut! Nun versuchen wir es doppelt, also zweimal auf den Tisch, zweimal klatschen. Und noch einmal.

(Sooft wiederholen, bis es funktioniert.)

Nun 10-mal hintereinander. Wollen wir mal sehen, wer bis 10 zähen kann.

1

2

3

4

5

6

7

8

9

10

Noch einmal?

1

2

3

4

5

6

7

8

9

10

Jetzt versuchen wir es abwechselnd. Einmal einzeln, einmal doppelt.

Also: Tisch, klatschen,

Tisch, Tisch, klatschen, klatschen,

Tisch, klatschen,

Tisch, Tisch, klatschen, klatschen,

Tisch, klatschen,

Tisch, Tisch, klatschen, klatschen,

Tisch, klatschen,

Tisch, Tisch, klatschen, klatschen,

Tisch, klatschen,

Tisch,   Tisch,   klatschen,
klatschen,

Tisch, klatschen,

(Wiederhole diese Übung so
lange und so schnell, wie es
für die Kinder passend ist.)

Nun versuchen wir das ganze
dreifach.

Tisch,   Tisch,   Tisch,
klatschen,   klatschen,
klatschen,

Tisch,   Tisch,   Tisch,
klatschen,   klatschen,
klatschen,

Tisch,   Tisch,   Tisch,
klatschen,   klatschen,
klatschen,

Tisch,   Tisch,   Tisch,
klatschen,   klatschen,
klatschen,

Tisch,   Tisch,   Tisch,
klatschen,   klatschen,
klatschen,

Tisch,   Tisch,   Tisch,
klatschen,   klatschen,
klatschen,

Tisch,   Tisch,   Tisch,
klatschen,   klatschen,
klatschen,

Tisch,   Tisch,   Tisch,
klatschen,   klatschen,
klatschen,

Tisch,   Tisch,   Tisch,
klatschen,   klatschen,
klatschen,

Tisch,   Tisch,   Tisch,
klatschen,   klatschen,
klatschen,

Sehr gut! Nun machen wir: einzelnd, doppelt, dreifach, okay?

Tisch, klatschen

Tisch, Tisch, klatschen, klatschen

Tisch, Tisch, Tisch, klatschen, klatschen, klatschen.

Klasse, wir versuchen es gleich noch einmal.

Tisch, klatschen

Tisch, Tisch, klatschen, klatschen

Tisch,   Tisch,   Tisch,
klatschen,   klatschen,
klatschen.

Und   nun   mehrmals
hintereinander:

Tisch, klatschen

Tisch,   Tisch,   klatschen,
klatschen

Tisch,   Tisch,   Tisch,
klatschen,   klatschen,
klatschen.

Tisch, klatschen

Tisch,   Tisch,   klatschen,
klatschen

Tisch,   Tisch,   Tisch,
klatschen,   klatschen,
klatschen.

Tisch, klatschen

Tisch,   Tisch,   klatschen,
klatschen

Tisch,   Tisch,   Tisch,
klatschen,   klatschen,
klatschen

Tisch, klatschen

Tisch,   Tisch,   klatschen,
klatschen

Tisch,   Tisch,   Tisch,
klatschen,   klatschen,
klatschen.

Tisch, klatschen

Tisch,   Tisch,   klatschen,
klatschen

Tisch,   Tisch,   Tisch,
klatschen,   klatschen,
klatschen.

Tisch, klatschen

Tisch,   Tisch,   Klatsch,
klatschen

Tisch,   Tisch,   Tisch,
klatschen,   klatschen,
klatschen.

Klatschen

Tisch,   Tisch,   klatschen,
klatschen

Tisch,   Tisch,   Tisch,
klatschen,   klatschen,
klatschen.

(Wiederhole   diese   Übung   so
lange und so schnell, wie es
für die Kinder passend ist.)

Wollen wir es etwas schwerer
machen?

Okay!   Einzelnd,   doppelt,
dreifach, doppelt, einzelnd.

Tisch, klatschen

Tisch,   Tisch,   klatschen,
klatschen

Tisch,   Tisch,   Tisch,
klatschen,   klatschen,
klatschen

Tisch,   Tisch,   klatschen,
klatschen

Tisch, klatschen

Sehr gut, gleich noch einmal.

Tisch, klatschen

Tisch,   Tisch,   klatschen,
klatschen

Tisch,   Tisch,   Tisch,
klatschen,   klatschen,
klatschen

Tisch,   Tisch,   klatschen,
klatschen

Tisch, klatschen

Und mehrmals hintereinander:

Tisch, klatschen

Tisch,   Tisch,   klatschen,
klatschen

Tisch,   Tisch,   Tisch,
klatschen,   klatschen,
klatschen

Tisch,   Tisch,   klatschen,
klatschen

Tisch, klatschen

Tisch, klatschen

Tisch,   Tisch,   klatschen,
klatschen

Tisch,   Tisch,   Tisch,
klatschen,   klatschen,
klatschen

Tisch,   Tisch,   klatschen,
klatschen

Tisch, klatschen

Tisch, klatschen

Tisch,   Tisch,   klatschen,
klatschen

Tisch,   Tisch,   Tisch,
klatschen,   klatschen,
klatschen

Tisch,   Tisch,   klatschen,
klatschen

Tisch, klatschen

Tisch, klatschen

Tisch,   Tisch,   klatschen,
klatschen

Tisch,   Tisch,   Tisch,
klatschen,   klatschen,
klatschen

Tisch,   Tisch,   Klatsch,
klatschen

Tisch, klatschen

Tisch, klatschen

Tisch,   Tisch,   klatschen,
klatschen

Tisch,   Tisch,   Tisch,
klatschen,   klatschen,
klatschen

Tisch,   Tisch,   klatschen,
klatschen

Tisch, klatschen

Tisch, klatschen

Tisch,   Tisch,   klatschen,
klatschen

Tisch,   Tisch,   Tisch,
klatschen,   klatschen,
klatschen

Tisch,   Tisch,   klatschen,
klatschen

Tisch, klatschen

Tisch, klatschen

Tisch,   Tisch,   klatschen,
klatschen

Tisch,   Tisch,   Tisch,
klatschen,   klatschen,
klatschen

Tisch,   Tisch,   klatschen,
klatschen

Tisch, klatschen

Tisch, klatschen

Tisch,   Tisch,   klatschen,
klatschen

Tisch,   Tisch,   Tisch,
klatschen,   klatschen,
klatschen

Tisch,   Tisch,   klatschen,
klatschen

Tisch, klatschen

Tisch, klatschen

Tisch,   Tisch,   klatschen,
klatschen

Tisch,   Tisch,   Tisch,
klatschen,   klatschen,
klatschen

Tisch,   Tisch,   klatschen,
klatschen

Tisch, klatschen

Tisch, klatschen

Tisch,   Tisch,   klatschen,
klatschen

Tisch,   Tisch,   Tisch,
klatschen,   klatschen,
klatschen

Tisch,   Tisch,   klatschen,
klatschen

Tisch, klatschen

(Wiederhole diese Übung so
lange und so schnell, wie es
für die Kinder passend ist.)

(Die Übung kann man beliebig
fortführen, je nach Können der
Kinder.)

Geschichte 4: Bootstour

Heute wollen wir eine Bootsfahrt machen. Sicherheit ist auf dem Wasser sehr wichtig, da es sehr gefährlich sein kann. Wir müssen uns eine Schwimmweste anziehen. Diese kann unser Leben retten. Wir müssen erst den einen Arm hineinstecken und dann den anderen. Zum Schluss müssen wir noch die zwei Verschlüsse vorne zusammen. Sitzt die Weste richtig? Das überprüfen wir, in dem wir in den Kragen der Weste hineingreifen (lege die Finger in deinen Kragen) und schüttle daran. Sitzt sie fest? Ja? Sehr gut, dann kann unsere Fahrt starten.

Setze dich gerade hin, strecke die Arme nach vorne aus und

bewegen deine Hände wie mit einem Lenkrad.

Zunächst müssen wir vorsichtig aus dem Hafen hinausmanövrieren, um kein anderes Schiff zu beschädigen. Vorsichtig, ganz langsam. Links von uns liegt ein altes Segelschiff. Es ist noch ganz aus Holz. An den drei Masten sind die Segel befestigt, die sich im Wind aufbähen werden. Ganz vorsichtig daran vorbei, damit wir auch nichts beschädigen.

Rechts von uns sehen wir ein ganz kleines Boot. Es ist weiß und modern. Es sieht schnell aus, so wie es geformt ist. Ein ganz kleiner Bereich ist für den Steuermann vorgesehen. Maximal eine zweite Person hat hier Platz. Auch an diesem

Boot fahren wir vorsichtig vorbei.

Wir können das offene Meer schon sehen. Hört ihr das? Laute Motorengeräusche kommen immer näher. Ein Motorboot kreuzt unseren Weg. Am Ende einer Schnur steht eine Person auf Wasserski. Sie muss leicht in die Knie gehen, um nicht die Balance zu verlieren. Zeigt mir, wie die Person stehen muss.

Eine Welle kreuzt den Weg des Wasserskifahrers. Er muss darüber springen. Dazu geht er erst weiter in die Knie und drückt sich dann mit voller Kraft ab. Für einen kurzen Moment sieht es so aus, als würde er fliegen. Um bei der Landung nicht das Gleichgewicht zu verlieren, muss er erneut in die Knie gehen und sanft landen. Es macht gar kein Geräusch, wenn er landet. Könnt ihr das auch? Springen und landen ohne, dass man es hört?

(Die Kinder ein paar Mal probieren lassen.)

Wir fahren weiter. Seht ihr links? Ein paar Windsurfer. Wisst ihr, wie ein Windsurfer auf seinem Brett steht? Ein Bein ist vorne, ein Bein ist hinten und die Arme halten das Segel am Griff fest. Versucht es einmal. Könnt ihr das auch mit dem anderen Bein vorne?

Sehr gut, wir fahren weiter. Eine große Welle kreuzt unseren Weg und wir werden leicht von unserem Sitz gehoben. Wir schauen, woher diese Welle kommt und erkennen in der Ferne ein großes Kreuzfahrtschiff. Ich glaube, die Menschen winken uns. Wir winken zurück.

Hört ihr das? Es schnattert doch irgendwoher. Könnt ihr sehen, aus welcher Richtung es kommt? Da, seht ihr sie? Eine Entenfamilie. Wie machen Enten? (Warten bis die Kinder schnattern.) Die Enten haben uns gehört und fühlen sich gestört. Sie versuchen mit ihren Füßen zu strampeln (Kinder sollen unter dem Tisch mit den Füßen strampeln) um von uns fort zu kommen.

Wir kommen immer dichter zu den Enten, bis wir sie fast anfassen können. Da strecken sie ihre Flügel aus und fliegen davon. Könnt ihr das auch? Streckt die Arme aus und bewegt die Arme auf und ab. Sehr schön.

Oh, noch eine Welle. Festhalten. Wieder werden wir fast aus unserem Sitz gehoben. (Einen Hopser auf dem Stuhl)

Wir fahren eine große Kurve nach rechts. Wir sehen die Häuser, die Bäume, die Menschen am Ufer. Wir können einige Schwimmer erkennen. Sie legen vor der Brust die Handflächen aneinander, strecken die Arme vor dem Körper aus, drehen die Handflächen nach außen und nehmen die gestreckten Arme zur Seite. Dann winkeln sie die Arme an und legen erneut die Handflachen aneinander.

Sie strecken die Arme vor dem Körper aus, drehen die Handflächen nach außen und nehmen die gestreckten Arme zur Seite. Dann winkeln sie die Arme an und legen erneut die Handflachen aneinander. (Gerne mehrfach wiederholen)

Wir erkennen ein paar Kinder, die Piraten spielen. Sie haben sich ein kleines Boot aus Holz gebaut und eine kleine Piratenflagge am Mast befestigt. Alle tragen eine Augenklappe und versuchen sich zu fangen. Dabei brüllen sie wie Piraten. Was brüllen denn Piraten? (Warten bis die Kinder rufen wie Piraten.)

Wir werden von einer Welle getroffen, die das ganze Boot durchschüttelt (einmal durchschütteln). Wir müssen uns festhalten, um nicht aus dem Boot zu fallen. Zum Glück haben wir ja unsere Rettungswesten an, falls doch etwas passiert. Das Boot wackelt jetzt ganz schön. Die Wellen werden immer mehr. Es wird dunkel. Seht nur in den Himmel, immer mehr dunkle Wolken ziehen auf. Die ersten Regentropfen treffen uns. (Bewege die Fingerspitzen so, als würden dich Regentropfen treffen.)

Schnell, aber vorsichtig fahren wir wieder in den Hafen. Ganz vorsichtig wieder an dem kleinen weißen Boot vorbei. Noch vorsichtiger an dem hölzerneren Segelschiff vorbei.

Der Regen nimmt zu. (Bewege die Fingerspitzen erneut so,

als würden dich Regentropfen treffen. Jetzt etwas schneller als beim ersten Mal.)

Schnell binden wir unser Boot fest und springen an Land. Wir laufen zum Bootshaus, das eine Überdachung hat. Mit nassen Fingern öffnen wir die Verschlüsse unserer Weste und ziehen sie erst über den einen Arm, dann über den anderen Arm. Wir legen die Schwimmwesten an ihren Platz zurück.

Wir werfen einen letzten Blick auf unser Boot und hoffen, wir können noch einmal eine Fahrt machen, wo uns kein Regen überrascht.

Geschichte 5: Zugfahrt

Heute wollen wir eine Zugfahrt machen. Wir stehen am Bahnsteig (stehe auf) und schauen, ob wir den Zug schon sehen können (Hand über die Augen legen und schauen, ob etwas zu sehen ist).

Hört ihr in der Ferne die Pfeife des Zuges? Könnt ihr pfeifen?

Sehr gut, gleich noch einmal.

Wir hören die Bandansage: „Vorsicht am Gleis, der Zug fährt ein."

Wir machen einen Schritt zurück und weit genug vom Gleis entfernt zu sein. Wir folgen mit den Augen den Waggons, die an uns

vorbeifahren und zählen mit.
(Bei jeder Zahl den Kopf von
einer Seite zur anderen
drehen.)

1

2

3

4

5

6

7

8

9

10

Das ist aber ein langer Zug.
Er wird aber schon langsamer.
(Kopf langsamer drehen.)

11

12

13

14

15

16

17

18

19

20

Der Wagon 21 kommt direkt vor uns zum Stehen. Wir steigen ein (1 großer Schritt vor) und nehmen im Zug Platz (Hinsetzen).

Wir schauen aus dem Fenster (Hände neben die Augen und hindurchsehen) und schauen, ob wir auf dem Bahnsteig jemanden sehen. Es laufen noch

Passagiere umher, die unseren Zug erreichen wollen.

Der Zug fängt langsam an zu rollen. Es ist ein alter Zug und wir spüren, wie sich die Räder in Bewegung setzen. Unser Körper bewegt sich mit dem Zug.

Vor und zurück.

Vor und zurück.

Vor und zurück.

(Beliebig oft wiederholen)

Der Zug wird schneller.

Vor und zurück.

Vor und zurück.

Vor und zurück.

(Beliebig oft wiederholen)

Wisst ihr auch, wie ein Zug macht?

Tschtschtschtschschchhhhhhh.

Sehr gut. Noch einmal. Tschtschtschtschschchhhhhhh

Wir fahren eine Rechtskurve. (Lehne dich in der Bewegung nach rechts.)

Seht nur (eine Hand an die Augen legen und Ausschau halten), ein Feld voller Mais. Er steht schon sehr hoch und bewegt sich im Wind. (Arme nach oben ausstrecken und hin- und herbewegen, wie im Wind.)

Wenn wir nur einen der Maiskolben haben könnten. Dann würden wir die Schale abnehmen. Eine Ebene nach der anderen (Tue so, als würdest du einen Maiskolben schälen.), dann hineinbeißen und gut kauen. (Abbeißen und klar und deutlich kauen, mehrmals.)

Wir fahren weiter. (Bewege dich vor und zurück.)

Vor unserem Fenster sehen wir einen Vogel. Er scheint in der Luft zu stehen, doch seine Flügel bewegen sich. (Schwinge die Arme auf und ab.) Der Vogel bewegt seine Flüge so schnell, dass wir nicht erkennen können, um was für einen Vogel es sich handelt. Genauso schnell, wie er gekommen ist, ist er auch wieder weg.

Wir fahren weiter. (Bewege dich vor und zurück.)

Große Bäume rasen an uns vorbei. (Stelle dich hin, setze einen Fuß mit der Ferne auf den anderen, die Zehenspitze neben den Fuß. Das

Bein ist leicht angewinkelt und die Füße stehen im rechten Winkel. Nimm die Arme nach oben und bilde eine Baumkrone)

Bäume bewegen ihre Kronen oft im Wind. Könnt ihr das auch? (Bewege den Oberkörper mit den Armen hin und her)

Wir fahren weiter. (Bewege dich vor und zurück.)

Auf den Fenstern sehen wir Regentropfen. Wenn wir jetzt draußen wären, würde der Regen auf unsere Arme fallen. (Klopfe vorsichtig mit den Fingern auf deinen Arm hinauf und hinab, links und rechts abwechselnd.)

Es würde auf unsere Schultern tropfen (klopfe vorsichtig mit deinen Fingerspitzen über deine Schultern), auf unseren

Kopf (klopfe vorsichtig mit deinen Fingerspitzen auf deinen Kopf) und zuletzt auf unsere Beine (Klopfe vorsichtig mit deinen Fingerspitzen auf deinen Beinen hoch und runter.).

Wie gut, dass wir im Zug sitzen, wo es trocken ist. Wir hätten gar keinen Regenschirm dabeigehabt und wären von Kopf bis Fuß nass geworden.

Durch die Wolken bahnen sich die ersten Sonnenstrahlen ihren Weg. Seht nur, wie sie sich von der Sonne wegstrecken. (Strecke die Arme aus). Sie strecken sich nach oben, nach unten, zur Seite, nach oben rechts, nach unten links, nach unten rechts, nach oben links.

Wir fahren weiter. (Bewege dich vor und zurück.)

Wir fahren eine lange Kurve nach rechts. (Lehne dich nach rechts.)

Wie macht noch einmal der Zug? Tschtschtschtschschchhhhhhh.

Sehr gut. Wie bewegen sich die Räder? (Nimm deine Arme und bewege sie neben dem Körper reisend wie Zugräder.)

Und zusammen mit dem Geräusch. Tschtschtschtschschchhhhhhh.

Tschtschtschtschschchhhhhhh.

Tschtschtschtschschchhhhhhh.

(So lange wiederholen, bis alle Kinder mitmachen und Spaß daran haben.

Der Zug wird langsamer. (Bewege dich langsamer vor und zurück.)

Wir fahren in einen Bahnhof ein. Seht ihr die ganzen Menschen? (Lege die Hand an die Augen und schaue dich um.)

Oh, das ist unser Bahnhof, schnell, wir müssen aussteigen. (Hebe im Sitzen die Beine wie beim Rennen hoch und runter.)

Puh (Wische dir mit der Hand über die Stirn), wir haben es geschafft. Wir sind am Ziel.

7 Kinderbewegungsgeschichten |
für den Klassenraum –
von Stefanie Grötzner

Geschichte 6: Ein Tag im Wald

Heute wollen wir einen Tag im Wald verbringen. Hierzu müssen wir uns ordentliche Schuhe anziehen (Tue so, als würdest du dir Schuhe anziehen) und wir müssen eine Mütze aufsetzen. Wozu brauchen wir eine Mütze? Im Wald gibt es Zecken und andere Tiere, die sich von Bäumen herabfallen lassen können und vor denen wir uns schützen müssen.

Wir gehen durch die Bäume hindurch. (Stelle dich hin, setze einen Fuß mit der Ferse auf den anderen, die Zehenspitze neben den Fuß. Das Bein ist leicht angewinkelt und die Füße stehen im rechten Winkel. Nimm die Arme nach oben und bilde eine Baumkrone)

Seht nur ein Eichhörnchen. Es sitzt mit dem Gesäß auf den Füßen und hält mit den Händen eine Nuss. Es sieht uns und putzt sich. Es nimmt erst die linke Pfote und wischt sich über die Nase und das Gesicht, dann nimmt es die rechte Pfote und wischt sich damit über die Nase.

Es rennt einen Baum hinauf. (Stelle dich hin, setze einen Fuß mit der Ferse auf den anderen, die Zehenspitze neben den Fuß. Das Bein ist leicht angewinkelt und die Füße stehen im rechten Winkel. Nimm die Arme nach oben und bilde eine Baumkrone)

Wir gehen weiter. (Gehe auf der Stelle)

Könnt ihr auch auf den Fersen gehen? (Hebe die Zehen und

gehe einige Zeit auf den Fersen.)

Sehr schön!

Könnt ihr auch auf den Zehenspitzen gehen? (Hebe die Fersen und gehe einige Zeit auf den Zehenspitzen)

Klasse macht ihr das!

Wie sieht es denn mit den Fußaußenkanten aus? (Stelle dich auf die Außenkanten deiner Füße und hebe die Füße, als würdest du laufen).

Ihr seid super! Jetzt wird es noch schwieriger. Wir gehen auf den Fußinnenseiten. (Stelle dich auf die Fußinnenseite und hebe die Füße als würdest du laufen.

Klasse!

Pssst, hört ihr das? Das Rascheln der Blätter? Dort muss ein Tier sein.

Wir schleichen uns ganz leise an. Hebt die Füße schön an, um die niedrigen Blätter nicht zu berühren. (Gehe auf der Stelle und hebe die Beine so hoch es geht. Setze die Füße ganz leise ab.).

Ein kleines Rehkitz steht auf einer Lichtung und frisst Gras. Wir müssen ganz leise sein, um es nicht zu verschrecken. Seht ihr, wie sich das Maul bewegt, wenn es isst? (Bewege den Mund und die Wangen, als würdest du ganz deutlich kauen.)

Irgendwo knackt es und das Reh springt schnell davon. Wie schade.

Wir gehen weiter und kommen zu einem kleinen Teich. Sehr nur, da sitzt ein Frosch. (Setze dich in die Hocke.)

Seine Zunge schnellt hervor und greift sich eine Fliege. (Strecke die Zunge schnell heraus und ziehe sie schnell zurück. Wiederhole es so oft, wie du und die Kinder es mögen.)

Auf einmal springt er aus dem Sitz in die Höhe und landet wieder im Sitzen. Könnt ihr das auch? (Wiederhole es, solange die Kinder Spaß daran haben.)

Wir gehen weiter. (Bewege die Füße auf und ab.)

Ein Marienkäfer landet auf unserem Arm. Es kitzelt leicht, während der

Marienkäfer über unserem Arm läuft. (Bewege die Fingerspitzen auf einem Arm hin und her.)

Er fliegt auf unseren anderen Arm und kitzelt uns dort. (Bewege die Fingerspitzen auf einem Arm hin und her.)

Wollen wir mal zählen, wie viele Punkte der Marienkäfer hat? Ich zeige mit meinen Fingern an und wir zählen laut zusammen.

1

2

3

4

5

6

7

8

9

10 Punkte hat der kleine Käfer
auf seinem Rücken.

Könnt ihr auch rückwärts
zählen? Ich zeige wieder an.
Wir fangen aber mit 10 an.

10

9

8

7

6

5

4

3

2

1

Sehr gut!

Leider fliegt der kleine Marienkäfer wieder davon. Wir gehen weiter.

Hört ihr das? Es klopft und klopft. Ein Specht. Wie macht ein Specht? (Entweder bewegst du den Kopf vor und zurück oder du klopfst mit einem angewinkelten Finger auf die Tischplatte.)

Er scheint Nahrung zu suchen. Als er uns entdeckt verharrt er in der Bewegung und schaut uns an. Er zuckt nicht und scheint abzuwarten, was wir vorhaben.

So leise, wie wir können gehen wir weiter. (Laufe leise auf der Stelle.)

Der Wald ist das Zuhause von den Tieren, deswegen müssen wir vorsichtig und rücksichtsvoll bewegen.

Wir bleiben vor einem großen Baum stehen. (Stelle dich hin, setze einen Fuß mit der Ferse auf den anderen, die Zehenspitze neben den Fuß. Das Bein ist leicht angewinkelt und die Füße stehen im rechten Winkel. Nimm die Arme nach oben und bilde eine Baumkrone.)

Er ist riesig. (Stelle dich auf die Zehenspitzen und recke dich nach oben.)

Und breit ist er auch. Wir können nicht um ihn herumfassen. (Breite seine Arme aus und versuche so weit wie es geht zu greifen.)

Oh, seht nur, ein Apfelbaum. Er trägt schöne, rote Äpfel. Wir strecken uns, um an die Äpfel zu kommen. (Stelle dich auf die Zehenspitzen und strecke dich so hoch es geht.)

Hinter uns hören wir ein unheimliches, lautes Brüllen. So schnell wir können rennen wir aus dem Wald hinaus. (Renne auf der Stelle so schnell es geht.)

Wir rennen und rennen, springen über Steine und Äste. (Laufe und springe abwechselnd.)

Puh, wir haben es geschafft. War das anstrengend. (Fächle dir mit den Händen Luft zu.)

Was das wohl war? Vielleicht werden wir das an einem anderen Tag herausfinden.

Geschichte 7: Afrika

Heute machen wir einen Ausflug nach Afrika. In Afrika ist es schön warm. Wir ziehen erst einmal unseren Pullover aus und binden ihn um die Hüften. (Tue so, als würdest du einen Pullover über den Kopf ziehen und ihn dir um die Hüften binden.)

Wir steigen in einen Jeep. In Afrika braucht man einen Jeep, wenn man die wilden Tiere sehen will, da es dort keine Straßen gibt. (Strecke die Arme aus und tue so, als würdest du ein Auto lenken.)

Wir stellen das Auto ab. Die Sonne scheint in alle Richtungen. (Strecke die Arme in alle Richtungen aus.)

Wir schauen uns erst einmal um. (Lege eine Hand an die Stirn und schaue dich um.)

Im Sitzen können wir nicht so viel sehen, also stellen wir uns hin.

Steht nur, ein Wasserloch. Lasst uns ganz leise hingehen. (Gehe leise auf der Stelle.)

Wir wollen die Tiere nicht erschrecken. Am Wasserloch steht ein einziger Baum mit einer großen Krone. (Stelle dich hin, setze einen Fuß mit der Ferse auf den anderen, die Zehenspitze neben den Fuß. Das Bein ist leicht angewinkelt und die Füße stehen im rechten Winkel. Nimm die Arme nach oben und bilde eine Baumkrone,)

Vor dem Baum steht eine Giraffe. Sie frisst Blätter von dem Baum. (Lege die Hände hinter den Rücken, strecke dich lang nach oben und tue so, als würdest du Blätter von einem Baum fressen.)

Hört ihr die Giraffe schmatzen? (Schmatze beim Kauen.)

Weil die Giraffe so viele Blätter gefressen hat, hat sie Durst und sie trinkt aus dem Wasserloch. (Stelle die Beine ganz breit hin, die Hände noch immer hinter dem Rücken und strecke den Oberkörper nach unten Richtung Boden.)

Schaut, eine Zebraherde trinkt am Wasserloch. Jedes Muster ist anders. Könnt ihr erkennen, ob ein Zebra weiß mit schwarzen Streifen ist oder schwarz mit weißen Streifen?

Die Herde rennt im Galopp davon. (Laufe im Galopp auf der Stelle.)

Die Elefanten lassen sich nicht von der Herde stören. Sie bespritzen sich und ihre Artgenossen mit Wasser und tröten vor sich hin. (Kreuze die gestreckten Arme vor dem Körper, winkle einen Arm an und halte mit dieser Hand die Nase fest. Tröte wie ein Elefant, werfe dir mit dem Rüssel (Arm) Wasser auf den Rücken und in Richtung anderer Kinder.)

Etwas weiter stehen einige Flamingos im Wasser. (Stelle dich auf ein Bein und versuche das Gleichgewicht zu halten.

Wechsle nach einiger Zeit das Bein.)

Ein paar Erdhörnchen schauen aus ihrem Bau. (Setze dich in die Hocke und recke den Kopf, um dich umzusehen.)

Ein Strauß ist ebenfalls hier. Immer, wenn er sich versteckt, steckt er den Kopf in den Sand. (Beuge dich vor und versuche den Kopf so tief wie möglich zu bekommen. Wiederhole es ein paar mal.)

In der Ferne hören wir ein paar Hyänen hysterisch lachen. Könnt ihr das auch.

Plötzlich bewegt sich etwas in der Baumkrone. (Stelle dich hin, setze einen Fuß mit der Ferse auf den anderen, die Zehenspitze neben den Fuß. Das Bein ist leicht angewinkelt und die Füße stehen im rechten Winkel. Nimm die Arme nach oben und bilde eine Baumkrone.)

Ein paar Affen werden wach. Sie lausen sich, trommeln sich mit den Händen auf die Brust und schlagen Alarm. (Lause dich, trommle mit den Händen auf der Brust und schreie wie ein Affe.)

Wir sehen erst jetzt die Geier, die über dem ganzen Geschehen kreisen. (Breite die Arme aus und drehe dich langsam im Kreis.)

Seht nur, ein Löwe nähert sich. Deswegen schlagen die Affen sicher Alarm. Der Löwe ist der König der Tiere in Afrika. Er bauscht sich auf und brüllt. (Nimm die Hände neben dein Gesicht, spreize die Finger, reiße die Augen auf und brülle. Wiederhole es, bis alle Kinder mitmachen.

Ohje, ob die Tiere es wohl schaffen, sich vor dem Löwen in Sicherheit zu bringen? Welche Tiere haben wir gesehen? Wir zählen sie in umgekehrter Reihenfolge zusammen auf.

Die Affen

die Hyänen

der Strauß

die Erdhörnchen

die Flamingos

die Elefanten

die Zebras

die Giraffe.

Und was ist mit uns? Schnell
zurück zum Jeep. Lauft so
schnell ihr könnt. Schnell
fahren wir zum Flughafen,
schnell ins Flugzeug. Puh
geschafft!! Wir sind in
Sicherheit.

7 Kinderbewegungsgeschichten
   für den Klassenraum –
   von Stefanie Grötzner

7 Kinderbewegungsgeschichten
für den Klassenraum –
von Stefanie Grötzner